ॐ नमः शिवाय
श्री शिव चालीसा

लेखक

डायमंड पॉकेट बुक्स

© प्रकाशकाधीन

प्रकाशक : डायमंड पॉकेट बुक्स (प्रा.) लि.

ओखला इंडस्ट्रियल एरिया, फेज-II, नई दिल्ली-110020

फोन : 011-40712200

ई-मेल : sales@dpb.in

वेबसाइट : www.dpb.in

संस्करण : 2022

श्री शिव चालीसा

प्रभावशाली–तांत्रिक
शिव यंत्र

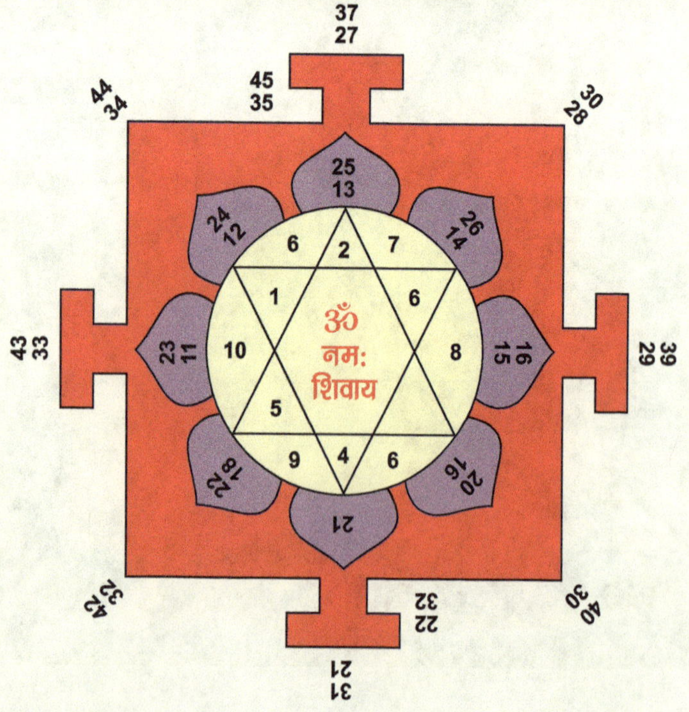

ॐ
नम:
शिवाय

भगवान शंकर की भक्ति के लिए प्रातःकाल स्नान करके श्वेत वस्त्र पहनें तत्पश्चात मृगचर्म या कुश के आसन पर बैठकर, शंकर भगवान की मूर्ति तथा इस पुस्तक में बने शिव यंत्र को ताम्रपत्र पर । खुदवाकर सामने रखें । फिर चन्दन, अक्षत (चावल), । सफेद आक के पुष्प, धूप, दीप, भाग तथा काली मिर्च आदि से पूजन करके शिवजी का ध्यान करते हुए निम्नलिखित श्लोक पढ़कर पुष्प समर्पित करें ।

कर्पूर गौरं करुणावतारं,

संसार सारं भुजगेंद्र हारम् ।

सदा वसन्तं हृदयारबिन्दे,

भवं भवानि सहितं नमामि ॥

तत्पश्चात पुष्प अर्पण करें फिर चालीसा का पाठ करें। पाठ के अन्त में ॐ नमः शिवाय इस मंत्र का १०८ बार तुलसी या सफेद चन्दन की माला से जाप करें ।

श्री गणेश गिरिजा सुवन, मंगल मूल सुजान।
कहत अयोध्यादास तुम, देहु अभय वरदान।।

समस्त मंगलो के ज्ञाता श्री गणेश की जय हो। मैं अयोध्यादास आपसे वरदान मांगता हूँ।

पार्वतीजी के स्वामी, आपकी जय हो। आप दीन लोगों पर कृपा करते हैं और साधु-संतजनों की रक्षा करते हैं।

भाल चन्द्रमा सोहत नीके।
कानन कुण्डल नागफनी के।।

हे त्रिशूलधारी, नीलकण्ठ! आपके मस्तक पर चन्द्रमा सुशोभित है औ कानो में नागफनी के कुण्डल शोभायमान हैं।

आप गौर वर्णी हैं और सिर की जटाओं में गंगाजी बह रही हैं, गले में मूण्डों की माला है और शरीर पर भस्म लगा रखी है।

हे त्रिलोकी! आपके वस्त्र बाघ की खाल के हैं। आपकी शोभा को देखकर नाग और मुनिजन मोहित हो रहे हैं।

माता मैना की प्रिय पुत्री पार्वतीजी आपके बाईं ओर सुशोभित हैं इनकी शोभा अत्यंत निराली और न्यारी है।

हाथ में त्रिशूल कितना सुन्दर लगता है। यही पापियों का वध करने वाला है। जय शिव भोले नाथ।

आपके पास आपका वाहन नन्दी और गणेशजी कुछ इस प्रकार शोभायमान हो रहे हैं जैसे समुद्र के बीच में कमल खिले हों।

कार्तिक श्याम और गणराऊ।
या छवि को कहि जात न काऊ।।

कार्तिकेय जी और उनके गण वहां पर विराजमान हैं। इस दृश्य की शोभा का वर्णन कोई नहीं कर सकता।

हे त्रिपुरारी! देवताओं ने जब भी सहायता की पुकार की, हे नाथ! आपने बिना विलम्ब किए उनके दुःख दूर किए।

जब ताड़कासुर ने बहुत अत्याचार करने आरंभ किए तो सभी देवताओं ने आपसे रक्षा करने की प्रार्थना की।

आपने उसी समय कार्तिकेयजी को वहां भेजा और उन्होने पलक झपकने की देरी में उस राक्षस को मार गिराया।

आपने जलंधर नामक भयंकर राक्षस का संहार किया। उससे आपका जो यश फैला उससे सारा संसार परिचित है।

त्रिपुरा नामक राक्षस से युद्ध करके आपने सभी देवताओं पर कृपा की और उनको उस दुष्ट के आतंक से मुक्त किया।

किया तपहिं भागीरथ भारी।
पुरब प्रतिज्ञा तासु पुरारी।।

राजा भगीरथ के तप के बाद आपने अपनी जटाओं में वास करती गंगा को जाने की आज्ञा दी। भगीरथ की प्रतिज्ञा आपके कारण ही पूरी हुई।

आपकी बराबरी करने वाला कोई दानी नहीं है। भक्त लोग सदा ही आपका गुणगान व यशोगान करते रहते हैं।

वेदों में भी आपकी महिमा का वर्णन है। परंतु अनादि होने के कारण आपका रहस्य कोई भी नहीं पा सका।

समुद्र मंथन से जो विषरूपी ज्वाला निकली उससे देवता और राक्षस दोनों जलने लगे और विहवल हो गए।

हे नीलकंठ! तब आपने उस ज्वालारूपी विष का पान करके उनकी सहायता की। तभी से आपका नाम नीलकंठ पड़ गया।

लंका पर चढ़ाई करने से पूर्व श्रीराम ने आपकी पूजा के बाद ही विजय प्राप्त की और विभीषण को लंका का राजा बना दिया।

सहस कमल में हो रहे धारी।
कीन्ह परीक्षा तबहिं पुरारी॥

हे महादेव! जब श्री रामचन्द्रजी सहस्त्र कमलों से आपकी पूजा कर रहे थे तब आपने फूलों में रहकर उनकी परीक्षा ली।

एक कमल प्रभु राखेउ जोई।
कमल नयन पूजन चहं सोई।।

आपने अपनी माया से एक कमल का फूल छिपा दिया। तब रामचन्द्रजी ने नयनरूपी कमल से पूजा करने की बात सोची।

कठिन भक्ति देखी प्रभु शंकर।
भये प्रसन्न दिए इच्छित वर।।

इस प्रकार जब शिवजी ने अपने में रामचन्द्रजी की यह दृढ़ आस्था देखी तब आपने प्रसन्न होकर उन्हें मनचाहा वरदान दिया।

हे शिव आप अनन्त हैं, अनश्वर हैं। आपकी जय हो, जय हो, जय हो। आप सबके हृदय में रहकर उन पर कृपा करते हैं।

दुष्ट विचार सदैव मुझे पीड़ित कर सताते रहते हैं और मैं भ्रमित रहता हूं जिसके कारण मुझे कहीं चैन नहीं मिलता है।

त्राहि त्राहि मैं नाथ पुकारो।
यहि अवसर मोहि आन उबारो।।

हे नाथ! मेरी रक्षा करो, मेरी रक्षा करो- इस प्रकार मैं आपको पुकार रहा हूं। आप आकर मुझे संकटों व कष्टो से उबारें।

ले त्रिशूल शत्रुन को मारो।
संकट से मोहि आन उबारो।।

हे पापसंहारक! अपने त्रिशूल से मेरे शत्रुओं को नष्ट करो और संकट से मेरा उद्धार कर मुझे भवसागर से पार लगाओ।

माता-पिता, भाई-बंधु सब सुख के साथी हैं। दुखों में कोई साथ नहीं देता, संकट आने पर कोई नहीं पूछता।

हे स्वामी! मुझे तो केवल आपसे ही आशा है, आप पर ही विश्वास है। आप आकर मेरा घोर संकट तथा कष्ट दूर करें।

धन निर्धन को देत सदा ही।
जो कोई जांचे सो फल पाही।।

आप सदा निर्धनों की धन द्वारा सहायता करते हैं। आपसे जिस फल की कामना की जाती है वही फल प्राप्त होता है।

आपकी पूजा-अर्चना कैसे की जाती है, हमें तो यह भी मालूम नहीं। अतः हमारी जो भी भूल-चूक हुई हो उसे क्षमा कर दें।

आप ही कष्टों को नष्ट करने वाले हैं। सभी शुभ कार्यों को कराने वाले हैं तथा सब विघ्न-बाधाओं को दूर करके कल्याण करते हैं।

योगी, यति और मुनि सभी आपका ध्यान करते हैं। नारद मुनि और देवी सरस्वती (शारदा) भी आपको नमन करते हैं।

नमो नमो जय नमो शिवाय।
सुर ब्रह्मादिक पार न पाय॥

आपका उपासना मंत्र 'ॐ नमः शिवाय' है। इसका पाठ करने वाले देवगणों के साथ-साथ भगवान् विष्णु भी इस मंत्र का जाप करते हैं।

जो यह पाठ करे मन लाई।
ता पर होत है शम्भु सहाई॥

जो कोई भी मन तथा निष्ठा से शिव चालीसा
का पाठ करता है, शंकर भगवान उसकी सहायता
कर उसकी सभी इच्छाएं पूर्ण करते हैं।

हे करुणानिधान! कर्ज के बोझ से दबा हुआ व्यक्ति आपके नाम का जाप करे तो वह ऋण-मुक्त हो सुख-समृद्धि प्राप्त करता है।

पुत्र होन की इच्छा जोई।
निश्चय शिव प्रसाद तेहि होई॥

जो कोई भक्त पुत्र प्राप्ति की कामना से पाठ करता है, तो आपकी कृपा से उसे पुत्र-रत्न की प्राप्ति होती है।

हर श्रद्धालु तथा भक्त ओ प्रत्येक माह की त्रयोदशी तिथि को विद्वान पण्डित को बुलाकर पूजा तथा हवन करवाना चाहिए।

त्रयोदशी व्रत करै हमेशा।
ताके तन नहीं रहै कलेशा।।

जो भक्त सदैव त्रयोदशी का व्रत करता है, उसके शरीर में कोई रोग नहीं रहता और किसी प्रकार का क्लेश भी मन में नहीं रहता।

धूप-दीप और नैवेध से पूजन करके शिवजी की मूर्ति या चित्र के सम्मुख बैठकर शिव चालीसा का श्रद्धापूर्वक पाठ करना चाहिए।

इससे जन्म-जन्मांतर के पाप नष्ट हो जाते हैं और अन्त में मनुष्य शिवलोक में वास करने लगता है अथार्त मुक्त हो जाता है।

अयोध्यादासजी कहते हैं कि शंकर भगवान, हमें आपसे ही आशा है। आप हमारी मनोकामनाएं पूरी करके हमारे दुखों को दूर करें।

नित नेम उठिप्रातः ही, पाठ करो चालीसा।
तुम मेरी मनोकामना, पूर्ण करो जगदीश।।

इस शिव चालीसा का चालीस बार प्रतिदिन पाठ करने से भगवान मनोकामना पूर्ण करते हैं।

मृगशिर मास कि छठी तिथि हेमंत ऋतु संवत ६४ में यह चालीसा रूपी शिव स्तुति लोक कल्याण के लिए पूर्ण हुई ।

भवानी शंकरौ वंदे श्रद्धा विश्वास रूपिणौ।

याभ्यां विरा न पश्यन्ति सिद्धाः स्वान्तस्थमीश्वरम्॥

शिवजी की आरती

जय शिव ओंकारा, भज हर शिव ओंकारा।

ब्रह्मा विष्णु सदा शिव अर्द्धांगी धारा।

एकानन चतुरानन पंचानन राजे।

हंसानन गरुड़ासन वृषवाहन साजे।

दो भुज चार चतुर्भुज दसभुज अति सोहे।

त्रिगुण रूप निरखता त्रिभुवन जन मोहे।

अक्षमाला बनमाला रुण्डमाला धारी।

चंदन मृगमद सोहै भाले शशिधारी।

श्वेताम्बर पीताम्बर बाघम्बर अंगे।

सनकादिक ब्रह्मादिक भूतादिक संगे।

कर के मध्य कमंडल चक्र त्रिशूलधर्ता।

सुखकारी दुखहारी जगपालन कारी।

ब्रह्मा विष्णु सदाशिव जानत अविवेका।

प्रणवाक्षर मे शोभित ये तीनों एका।

काशी में विश्वनाथ विराजत नन्दी ब्रह्मचारी।

त्रिगुण शिवजी की आरती जो कोई नर गावे।

कहत शिवानन्द स्वामी मनवांछित फल पावे।

जय पार्वती माता जय पार्वती माता।
ब्रह्म सनातन देवी शुभ फल की दाता।।

अरिकुल पद्म विनाशिनि जय सेवक त्राता।
जग जीवन जगदम्बा, हरिहर गुण गाता।।

सिंह को वाहन साजे, कुण्डल हैं साथा।
देव वधू जस गावत, नृत्य करत ताथा।।

सतयुग रूपशील अतिसुन्दर, नाम सती कहलाता।
हेमांचल घर जन्मी, सखियन संग राता।।

शुम्भ निशुम्भ विदारे, हेमांचल सीता।
सहस्त्र भुजा तनु धरि के, चक्र लियो हाथा।।

सृष्टि रूप तुही है जननी शिवसंग रंगराता।
नन्दी भृंगी बीन लही सारा जग मदमाता।।

देवन अरज करत हम चित को लाता।
गावत दे दे ताली, मन में रंगराता।।

श्री प्रताप आरती मैया की, जो कोई गाता।
सदासुखी नित रहता सुख सम्पत्ति पाता।।

www.ingramcontent.com/pod-product-compliance
Lightning Source LLC
Chambersburg PA
CBHW060943130726
48001CB00003B/1045

9 789394 598843